Legendy polskie

GREG

Legendy polskie

Opracowanie tekstów:
Maria Zagnińska

Redakcja i korekta:
Agnieszka Antosiewicz, Maria Zagnińska

Ilustracje:
Oliwia Gajda

Okładka:
Aleksandra Zimoch

ISBN: 978-83-7517-486-1
Kraków 2016

Wydawnictwo GREG®
31-979 Kraków, ul. Klasztorna 2B
tel. (12) 643 55 14, fax (12) 643 47 33

Księgarnia internetowa: www.greg.pl
tel. (12) 644 98 90, w godz. 8.00–17.00

Skład:
BROS, Pracownia Słowa

Lech, Czech i Rus

Bardzo, bardzo dawno temu żyli sobie trzej bracia. Na imię im było Lech, Czech i Rus. Każdy z nich przewodził swojemu plemieniu. Wszystkie trzy plemiona mieszkały razem w pięknej dolinie wśród lasów. Ziemia tam była urodzajna, woda czysta, wokół rosły drzewa dające pyszne owoce, płynęła rzeka pełna ryb, a w puszczy otaczającej dolinę mieszkały stada łosi, turów i dzików, na które polowano, gdy zabrakło mięsa. Ludzie byli tu dobrzy, uczciwi i odważni, więc wszystkim żyło się spokojnie i dostatnio.

Mijały jednak lata, ludzi było coraz więcej, rodziły się dzieci, a dolina przecież nie rosła.

– Zaczyna się tutaj robić za ciasno – powiedział pewnego dnia Rus do braci. – Może nam zabraknąć jedzenia, żeby wszystkich wykarmić.

– Niedobrze – zmartwił się Czech. – Jak ludzie będą głodni, to zaczną się kłótnie…

– Musimy więc znaleźć nowe ziemie i przenieść się na nie – stwierdził Lech.

– Masz rację! – ożywili się bracia. – Jak tylko skończą się żniwa, wyruszymy we trójkę w drogę.

4

Zaraz opowiedzieli wszystkim mieszkańcom doliny, jaki mają plan. Razem przygotowali obfite zapasy na drogę – suszone mięso, owoce, solone ryby, worki z mąką i kaszą, baryłki z miodem. Tak zaopatrzeni, mogli wędrować całymi miesiącami. Bracia pocieszyli się więc trochę mimo obaw przed wędrówką w nieznane – nie wątpili, że mogą dotrzeć bardzo daleko i że na pewno znajdą nowe miejsce do zamieszkania.

Jak tylko żniwa dobiegły końca, wszyscy mieszkańcy doliny spakowali swój dobytek, zaprzęgli woły do wozów, posadzili na nich dzieci i starców i ruszyli w drogę. Na samym końcu Lech, Czech i Rus pokłonili się ojczystym bogom i zgasili święty ogień, płonący zawsze w centrum doliny jako symbol oddania osady pod boską opiekę. Był to widomy znak, że już tutaj nie wrócą.

Wędrowali całymi tygodniami. Plemiona przemierzały nie-strudzenie lasy i łąki, mijały wspaniałe jeziora i cały czas wytrwa-le szukały dobrego miejsca na osiedlenie się. Wreszcie któregoś dnia dotarli do podnóża wspaniałych gór, jakich nigdy jeszcze nie widzieli. Potężne szczyty, osypane białym śniegiem, sięgały dumnie w błękitne niebo hen nad głowami wędrowców, a gór-skie stoki porastały nieprzebyte sosnowe bory. Czech spiął konia i pogalopował przed siebie. Wspinał się stromymi ścieżkami, za-wierzając całkowicie zręczności swego wierzchowca, aż wreszcie stanął na wyniosłej, skalnej grani. Miał stąd piękny widok – i zo-baczył rozległe doliny, wartko płynące rzeki, kwitnące kwiatami łąki i gęste, zielone lasy. Zachwycony, zawrócił ku oczekującym w dole towarzyszom.

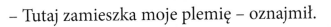

– Tutaj zamieszka moje plemię – oznajmił.

Nadszedł więc czas rozstania. Bracia żegnali się długo, smutek napełnił ich serca. Wzajemnie życzyli sobie powodzenia.

– Obiecajmy sobie, że nasze plemiona zawsze będą ze sobą w przyjaźni – rzekł Czech.

– Godnie będzie tak postąpić – zgodzili się Lech i Rus. Podali sobie zatem ręce i przyrzekli, że nigdy nie będą walczyć przeciwko sobie. Potem uściskali się serdecznie i Lech z Rusem ruszyli dalej na czele swoich ludzi.

Mijały tygodnie. Powoli nadchodziła jesień, drzewa malowały się czerwienią i złotem, gałęzie uginały się od owoców, kobierzec grzybów pokrywał leśną trawę. Dnie były jeszcze upalne, ale nocami coraz częściej rozpalano ogniska, by się ogrzać. Pewnego dnia bracia na czele swoich ludzi wyjechali z gęstego lasu i zobaczyli przed sobą rozległe równiny, jakich nigdy jeszcze nie widzieli. Morze zielonych traw kołysało się aż po horyzont, w górze szumiał wiatr i kołowały ptaki. Rus spiął konia i pogalopował przed siebie, upajając się przestrzenią, a żyzna ziemia uginała się pod kopytami wierzchowca. Zachwycony, zawrócił ku oczekującemu pod lasem bratu.

– Moje plemię zamieszka tutaj – oznajmił.

Nadszedł więc czas kolejnego rozstania. Bracia długo siedzieli przy nocnym ognisku, rozmawiając i wspominając. O świcie podali sobie ręce i Lech na czele swoich ludzi wyruszył w dalszą drogę.

Mijały dalsze tygodnie. Jesień powoli przeradzała się w zimę, liście usychały i opadały, coraz trudniej było o jakiekolwiek owoce. Ogniska palono już każdej nocy, a niejednokrotnie rano okazywało się, że tam, gdzie nie sięgało ciepło życiodajnych płomieni, srebrzy się na trawie i gałęziach warstewka szronu. Ludzie także byli zmęczeni, kończyły się zapasy…

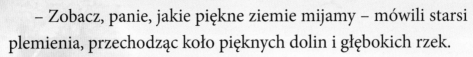

– Zobacz, panie, jakie piękne ziemie mijamy – mówili starsi plemienia, przechodząc koło pięknych dolin i głębokich rzek.

– Mam przeczucie, że to jeszcze nie to – odpowiadał Lech i jechał dalej i dalej.

Pewnego dnia, gdy słońce już zachodziło, wjechali do ogromnego, prastarego lasu. Wokół szumiały potężne drzewa, buki, jodły, dęby. Dojechali do wielkiej polany i zatrzymali się, posłuszni uroczystej atmosferze tego miejsca. Było tutaj cicho, spokojnie i zarazem jakoś przyjemnie.

– Zobacz, panie! – zawołał ktoś z ludu, pokazując na samotne drzewo na środku polany.

Lech uniósł głowę i zobaczył w koronie niebotycznego dębu uwite z gałęzi gniazdo, a w nim śnieżnobiałego orła. Ptak popatrzył na nich i rozpostarł szeroko silne skrzydła, zupełnie jakby chciał skryć pod nimi wszystkich ludzi stojących na polanie.

– Na taki znak czekałem! – zawołał Lech. – Tutaj zostaniemy, zbudujemy miasto, a on – wskazał na orła, wyraźnie widocznego na tle czerwonego nieba zachodu – będzie naszym herbem.

I tak też się stało. W wybranym przez Lecha miejscu wyrosło z czasem piękne, bogate miasto, nazwane od orlego gniazda Gnieznem. Było ono pierwszą stolicą Polski i do dziś stoi w tym samym miejscu, otoczone gęstymi lasami. Orzeł zaś jest dumnym symbolem naszego kraju.

Wars i Sawa

*D*awno, dawno temu stolicą Polski był Kraków, a jednym z ważnych miast – Gniezno. Między nimi wiodły dwie drogi. Jedna, lądowa, przez dziką puszczę – mówiono o niej, że żyją tam nie tylko wilki i niedźwiedzie, ale też różne diabły i upiory polujące na podróżnych. Zwykle więc każdy wybierał drugą drogę – po wodach Wisły. Płynęło się nią aż do Płocka, skąd do Gniezna wiódł piękny lądowy szlak.

Pewnego dnia król Polski, Kazimierz Sprawiedliwy, musiał udać się do Gniezna. Wybrał podróż Wisłą i wraz z orszakiem sług i rycerzy wsiadł na statek do Płocka. Zabrano ze sobą na drogę bogate zapasy, jednak był to suchy prowiant. Król szybko się nim znudził i już drugiego dnia żeglugi zaczął tęsknić za świeżym jedzeniem.

Tymczasem statek płynął pomiędzy porośniętymi gęstym borem brzegami. Puszcza wcale nie wyglądała groźnie z jego pokładu. Wokół śpiewały ptaki, nad wodą kwitły kwiaty, po gałęziach przemykały wiewiórki, a pomiędzy liśćmi prześwitywał złoty blask słońca. Wszyscy oglądali z zaciekawieniem ten widok – i nagle zobaczono, że nad brzegiem wznosi się malutki drewniany mostek, a zza pobliskich zarośli widać słomianą strzechę niewielkiego domku.

– Zatrzymać statek! – zarządził król. – Zobaczymy, jacy dobrzy ludzie tutaj mieszkają.

– Najjaśniejszy Panie, to może być kryjówka zbójców albo diabelska pułapka! – zatrwożyli się dworacy.

– Zbyt tu schludnie, aby tak było – odpowiedział król. – A nawet jeśli, to moi rycerze nas obronią.

Zatrzymano więc statek. Król w asyście kilku dworzan i kilku najwaleczniejszych rycerzy wysiadł na ląd i ruszył wysypaną złotym piaskiem ścieżką. Za kilka chwil zobaczyli niewielką, drewnianą chatkę z dachem krytym słomą. Po podwórku chodziły kury, za płotem pasła się krowa, a pod oknami rosły złote słoneczniki, błękitne chabry i czerwone maki. Wokół krzątała się ładna, młoda kobieta, za którą chodził mały, kudłaty piesek. Przywitała gości uprzejmie i zaprosiła do domu, tłumacząc, że jest sama, ponieważ mąż, Pietrko, łowi ryby, ale niedługo wróci. Postanowiono na niego zaczekać. Gospodyni podjęła wszystkich świeżym mlekiem, chlebem, potrawką z ryby i owocami. Król był zachwycony – już dawno jedzenie tak mu nie smakowało.

Podczas posiłku król zauważył, że Pietrko jest czymś zmartwiony. Postanowił mu dopomóc i zapytał, co go gnębi.

– Niedługo moja rodzina się powiększy – powiedział na to rybak. – Ale nie mam jak ochrzcić dziecka. W borze nie ma kaplicy, nie mamy też wozu ani dużej łodzi, żeby się dostać do miasta.

– Mogę wam pomóc – rzekł król. – Jestem teraz w drodze do Gniezna. Za kilka tygodni będę wracał. Zabiorę wtedy ze sobą księdza i wyprawimy chrzciny waszemu dziecku.

Za kilka tygodni król powrócił do skromnej rybackiej chatki, wioząc ze sobą księdza. Wówczas okazało się, że żona Pietrka urodziła nie jedno, a dwoje dzieci – bliźniaki, chłopca i dziewczynkę o okrągłych buziach i niebieskich jak niebo oczkach. Na pobliskim pagórku przygotowano ołtarz z brzozowych i dębowych gałęzi, ozdobiony świeżymi kwiatami. Wszyscy składali dzieciom wspaniałe dary. Chłopiec dostał piękny miecz, bogato zdobioną zbroję i ozdobną tarczę, a król obiecał przyjąć go na swego osobistego pazia, gdy osiągnie odpowiedni wiek. Dziewczynce podarowano przepiękne suknie i cenną biżuterię, a król zapewnił jej miejsce w orszaku dwórek królowej. Uroczyście nadano dzieciom imiona – chłopca nazwano Wars, a dziewczynkę Sawa. Odbyła się też wielka uczta na cześć dzieci i ich rodziców. W pewnej chwili król wstał i podniósł kielich na znak, że chce przemówić.

– Pietrku, w uznaniu twojej skromności i dobroci od dziś ziemia wokół, dokąd sięgnąć wzrokiem z pagórka z ołtarzem, należy do ciebie – oznajmił król. – Nadaję ci też nowe imię. Jako ojciec Warsa i Sawy będziesz się nazywał Warsz. Przyślę ci łodzie i wozy, a ty zbierz ludzi i razem załóżcie tutaj osadę, którą nazwiesz Warszawa.

Jak rozkazał król, tak się stało. Dzieci rybaka wychowały się na królewskim dworze i wróciły do domu, gdzie mądrze i sprawiedliwie rządziły swoją ziemią. Wars był mądry i odważny, a Sawa piękna i roztropna. W ciągu paru lat wokół rybackiej chatki wyrosła bogata osada. Jej sława rosła, coraz więcej ludzi się w niej osiedlało. Pełna ryb Wisła, bory pełne zwierzyny i żyzna ziemia, którą odkryto po wykarczowaniu drzew, mogły wykarmić każdego, więc wioska rosła cały czas – z osady stała się miasteczkiem, z miasteczka miastem, aż w końcu została stolicą Polski i jest nią do dzisiaj.

Bazyliszek

Dawno, dawno temu w Warszawie stała sławna kuźnia znanego mistrza kowalskiego, pana Melchiora Ostrogi. Miał on dwoje dzieci – sprytnego Maćka i grzeczną Halszkę. Pewnego dnia dzieci zapragnęły wybrać się na rynek, gdzie trwał akurat wielki jarmark.

– Idźcie więc, tylko wróćcie na obiad – powiedział pan Ostroga. – I nie chodźcie na Krzywe Koło do zburzonego domu! Tam coś krzyczy, jęczy… Jeszcze by was coś złego spotkało.

– Ja się wcale nie boję! – zawołał Maciek.

– A ja się boję – pisnęła Halszka – i wcale tam nie pójdziemy.

Pan Ostroga uspokoił się, bo wiedział, że Maciek zawsze zgadza się z wolą siostrzyczki.

Na rynku kupcy porozstawiali barwne stragany, a wokół nich kłębiły się tłumy ludzi. Sprzedawano słodycze, grała orkiestra, szczekały psy, rżały konie, było gwarno i kolorowo. Maciek i Halszka z zachwytem oglądali złotą biżuterię, egzotyczne perskie dywany, strojne szaty, ostre tureckie szable... Przez tłum przeszedł czarnowłosy Cygan, prowadząc na łańcuchu niedźwiedzia, który szedł na dwóch łapach i kłaniał się ludziom. Gdy Halszka i Maciek przyglądali się popisom zwierza, nagle ktoś podszedł do nich od tyłu i położył Maćkowi ręce na oczach.

– Zgadnij, kto to? – odezwał się wesoły chłopięcy głos.

– Waluś! – ucieszyły się dzieci. Waluś był to ich serdeczny przyjaciel, chłopiec miły i uczynny, ale niestety psotny i nieposłuszny.

Dzieci patrzyły jeszcze przez chwilę na niedźwiedzia, po czym ruszyły przed siebie. Niestety nie patrząc, gdzie idą, skierowały się w stronę Krzywego Koła. Gdy mijali opuszczony dom, przed którym przestrzegał mistrz Ostroga, Waluś nagle się zatrzymał.

– Zejdźmy na dół do piwnicy, to coś wam pokażę – szepnął tajemniczo.

– Co ty opowiadasz? – pisnęła Halszka. – Tam przecież straszy!

– To bajki dla małych dzieci! – zaśmiał się Waluś. – Tam stoją wielkie skrzynie ze skarbami! Wczoraj widziałem przez okienko taaaki wielki blask! Co by to miało być, jak nie złoto?

– Może by zejść i zobaczyć? – zastanawiał się Maciek. – Tata by się ucieszył, jakbyśmy mu przynieśli złota i drogich kamieni.

– Ja nie zejdę! – pisnęła Halszka. – Za nic na świecie!

– Jesteś tchórzem! – zawołał Waluś. – Sami zejdziemy, a ty sobie tu możesz poczekać!

I ruszył śmiałym krokiem ku wejściu do zrujnowanego domu, a za nim równie odważnie podążył Maciek. Halszka rozejrzała się w popłochu, prawie płacząc. Przecież nie będzie sama stała na środku ulicy!... Chcąc nie chcąc, pobiegła za chłopcami.

Schody do piwnicy były drewniane i połamane. Niedaleko od wejścia zakręcały i zrobiło się ciemno. Na dole stały stare meble i futryny okienne.

Halszka i Maciek uznali, że można już wracać, ale Waluś zauważył metalowe drzwiczki w ściance. Otworzył je, spojrzał – i padł jak rażony piorunem.

Z ciemności buchnęło upiorne zielonkawe światło, a Halszka i Maciek zobaczyli okropnego potwora! Miał ptasi tułów pokryty piórami, kogucią głowę na długiej szyi i wężowy ogon. Wielkie oczy jarzyły się na czerwono i żółto. Na szczęście patrzył na ciało Walusia i nie zauważył dzieci.

– To bazyliszek. On zabija wzrokiem – szepnął Maciek. –
Szybko, schowajmy się, zanim nas zauważy!

Dzieci wczołgały się za wielkie, dębowe drzwi, oparte o ścianę piwnicy, za którymi potwór nie mógł ich zobaczyć. Były bezpieczne, ale nie mogły wyjść z budynku.

– Maciek! Halszka! – rozległo się nawoływanie z ulicy. Była to służąca z kuźni, Agata, która zapewne wyszła zawołać dzieci na obiad. Niestety weszła do budynku i zaczęła schodzić po schodach, domyślając się, że dzieci mogły tu wejść. Bazyliszek usłyszał jej kroki, podniósł łeb – rozległ się krzyk, po czym zapadła cisza. Przechodnie rozbiegli się po ulicach, krzycząc, że diabeł zabił starą Agatę. Ktoś z nich wpadł do kuźni i powiadomił o wszystkim mistrza Ostrogę i jego żonę.

Powstał straszny zamęt, płacz i krzyk. Nikt nie wiedział, co robić. Jedni się modlili, inni wołali, by iść na Krzywe Koło, bo może dzieci jeszcze żyją. Wreszcie z tłumu wysunął się stary, mądry radca miejski, Ezechiel Strubicz.

– Idźcie do czarownika na Piwną i spytajcie o radę – powiedział. – On się zna na sprawach nadprzyrodzonych.

Na Piwnej mieszkał bowiem sławny na całym świecie czarownik, Hermenegildus Fabula. Uważano go za czarownika, ponieważ posiadł niewyobrażalnie wielką wiedzę, ale w rzeczywistości był lekarzem, znał się też na astronomii. Tylko radca Strubicz wiedział, że to nie żaden czarownik, ale nie chciał się sprzeczać z ludźmi.

Kiedy czarownik usłyszał na schodach tupot wielu nóg, wiedział od razu, że stało się jakieś nieszczęście. Żona pana Ostrogi opowiedziała mu całą historię. Czarownik westchnął i powiedział:

– Rzeczywiście tam mieszka potwór. To bazyliszek.

– Bazyliszek! – zakrzyknął tłum. – To już nie ma nadziei!

– Może dzieci gdzieś się schowały i ich nie zobaczył. A jeśli nawet, to i tak musimy wydobyć ciała i urządzić pogrzeby. A bazyliszka trzeba zabić, bo inaczej jeszcze ktoś może zginąć!

– Ale jak to zrobić? – pytano wokół.

– Jest sposób, ale bardzo niebezpieczny. Ktoś musi zejść do piwnicy obwieszony lustrami. Bazyliszek spojrzy na niego i zabije się odbiciem własnego wzroku.

– Tylko skąd wziąć takiego śmiałka? – zapytał radca Strubicz.

Wtedy na zewnątrz rozległo się nagle bicie dzwonów i gwar wielu głosów. Radca wyjrzał przez okno.

– Mam go! – wykrzyknął radośnie, po czym wybiegł z mieszkania i rzucił się na dół.

Od rynku w stronę placyku zwanego Piekiełkiem podążał tysięczny tłum, kolorowy i pstrokaty, ale dziwnie ponury. Przodem szli strażnicy miejscy, potem ksiądz, dalej pisarz miejski i urzędnicy sądowi, wreszcie postawny mężczyzna w czerwonym kapturze i z toporem u pasa, a za nim szczupły młodzieniec ze związanymi rękami. To wiedziono skazańca na miejsce wykonania wyroku. Na placyku pisarz miejski głośno odczytał wyrok. Wynikało z niego, że skazaniec nazywa się Jan Ślązak i jest oskarżony o zabicie towarzysza podróży, za co zostanie ścięty. Wtedy wpadł radca Strubicz i zawołał:

– W imieniu burmistrza Warszawy wstrzymuję egzekucję! Przyprowadźcie skazańca! – po czym opowiedział skazanemu całą historię.

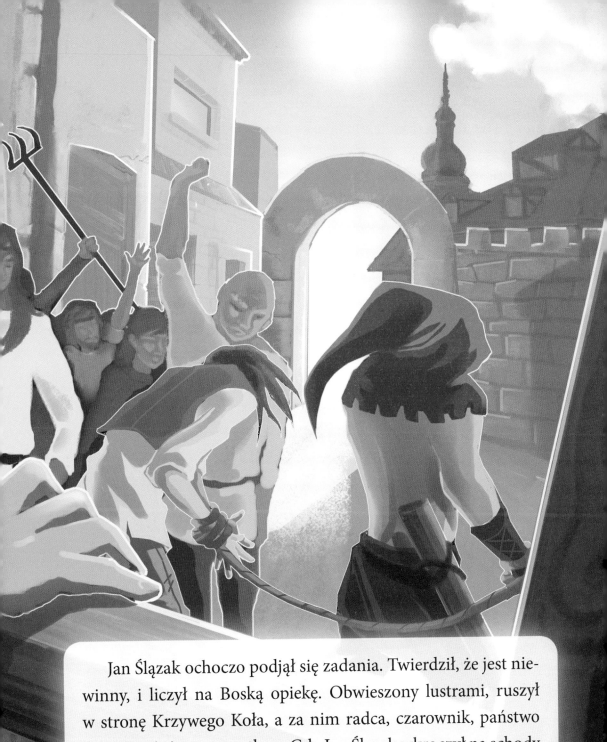

Jan Ślązak ochoczo podjął się zadania. Twierdził, że jest niewinny, i liczył na Boską opiekę. Obwieszony lustrami, ruszył w stronę Krzywego Koła, a za nim radca, czarownik, państwo Ostrogowie i ogromny tłum. Gdy Jan Ślązak wkroczył na schody do piwnicy, zapadła absolutna cisza. Przez chwilę nic się nie działo – a potem przez okienko buchnęło zielone światło i rozległ się upiorny syk i kwik, aż wszystkim ciarki przebiegły po plecach.

– Nie żyje! – zawołał z piwnicy Jan Ślązak. Zebrani zaczęli wiwatować. Pan Ostroga i jego żona zbiegli do piwnicy, nawołując swoje dzieci. Maciek i Halszka wypełzli zza dębowych drzwi, brudni i zakurzeni, ale zdrowi.

Tak zginął bazyliszek, potwór, który wylęga się o północy z jaja złożonego przez koguta i wysiedzianego przez ropuchę. Nigdy więcej takie stworzenie nie pojawiło się w Warszawie. Z piwnicy wydobyto ciała Walusia i starej Agaty. Wyprawiono im uroczyste pogrzeby, a rodzina Ostrogów co roku składała kwiaty na ich grobach. Jan Ślązak zaś istotnie był niewinny. Jego towarzysz zjawił się wkrótce potem w Warszawie i opowiedział, że zabłądził w borze i dopiero drwale wskazali mu drogę do miasta.

O smoku wawelskim i sprytnym szewczyku

awno, dawno temu na królewskim zamku w Krakowie rządził dobry i mądry król Krak. Dbał o poddanych, więc wszyscy go kochali. Pod jego rządami każdemu żyło się dobrze, a jeśli kogoś spotkało coś złego, mógł być pewien, że litościwy król nie odmówi mu pomocy.

Pewnego dnia jednak na Kraków i okoliczne wsie spadło wielkie nieszczęście! W środku najciemniejszej nocy, nie wiadomo skąd, nad Wisłę przyleciał smok i osiedlił się w pieczarze w skałach u stóp wawelskiego wzgórza. Był ogromny, cały pokryty zieloną łuską, skrzydła miał wielkie, rozłożyste i silne, łapy zakończone ostrymi jak noże pazurami, długie, białe zęby w wielkiej paszczy, a na dodatek potrafił ziać ogniem. Był szybki, zwinny i doskonale latał. Blady strach padł na okolicę, bo smok urządzał sobie polowania – porywał owce, krowy, świnie, barany, ale co najgorsze, także młode dziewczęta. Ognistym oddechem palił wszystko wokół – domy, zabudowania gospodarcze, stodoły, obory, stajnie, chlewy… Nikt już nie był bezpieczny.

Ludzie rzucili się z płaczem po ratunek do króla. Krak nie zwlekając wyprawił przeciwko smokowi najlepszych rycerzy, ale niestety polegli w walce, a potworowi nie wyrządzili najmniejszej krzywdy. Zrozpaczony król ogłosił zatem, że kto znajdzie sposób, aby zabić smoka, otrzyma w nagrodę worek złota.

Z całej Polski zjeżdżali najprzedniejsi rycerze, książęta, szlachcice, synowie kasztelanów i wojewodów. Dosiadali najdzielniejszych, najszybszych koni, zakładali najlepsze, najtwardsze zbroje, łapali za najostrzejsze miecze – i wszyscy ginęli w smoczym ogniu. Król przeraził się jeszcze bardziej, bo ratunku nie było widać, a kwiat polskiej młodzieży ginął na darmo.

Pewnego dnia na dworze pojawił się skromnie ubrany, ubogi chłopiec. Ukłonił się w pas królowi i dworzanom.

– Nazywam się Jaś Skuba, miłościwy panie – przedstawił się – i jestem szewczykiem. Uważam, że potrafię zabić smoka.

Dworzanie wybuchli śmiechem, ale król uciszył ich natychmiast.

– Spróbuj zatem, Jasiu Skubo, a jeśli ci się uda, sowicie cię wynagrodzę – powiedział.

Szewczyk poszedł przygotować wszystko, czego potrzebował. W okolicznej wsi znalazł dużego barana, który jakimś cudem ukrywał się dotąd przed smokiem. Zabił go, a jego skórę wypchał siarką, po czym zaszył tak sprytnie, że wyglądała jak żywe zwierzę. Potem zakradł się pod wejście do smoczej jaskini i rzucił w głąb barana, a sam schował się za pobliskim drzewem.

Wkrótce smok wypełzł z pieczary, zwabiony zapachem mięsa. Natknął się na wypchanego barana i pożarł go jednym kłapnięciem paszczy. Przez chwilę rozglądał się zadowolony, a potem nagle zamarł. Siarka w żołądku zaczęła palić go żywym ogniem, zupełnie, jakby najadł się pieprzu! Dysząc z pragnienia, rzucił się do Wisły i zaczął chciwie pić wodę… Pił, pił i pił, aż odsłaniały się brzegi rzeki, a brzuch smoka rósł i rósł. Nagle rozległ się ogromny huk, aż podskoczył królewski zamek – to smok pękł z nadmiaru wody.

Sprytny szewczyk udał się z powrotem na Wawel, gdzie przyjęto go z wszelkimi honorami. Król cieszył się niezmiernie, dworzanie ściskali chłopca, ile mieli sił. Zgodnie z królewską obietnicą szewczyk dostał nie tylko wielki worek złota, ale także wóz wyładowany po brzegi szlachetnymi kamieniami. Nigdy już nie był biedny. Założył warsztat, ożenił się i żył spokojnie i szczęśliwie, opowiadając wszystkim chętnym o tym, jak pokonał smoka.

Jaskinię, w której mieszkał potwór, zachowano w niezmienionym kształcie i nazwano Smoczą Jamą. Można ją zwiedzać w Krakowie do dzisiaj.

O czarnoksiężniku Twardowskim

awno, dawno temu mieszkał w Krakowie pewien szlachcic, któremu wszystkiego w życiu było mało. Nazywał się Twardowski i był medykiem. Pragnął mieć więcej pieniędzy niż inni, więcej rozumu, wreszcie chciał być nieśmiertelny. Szukał sposobu, jak to zrobić, w wielu mądrych książkach, ale nie znalazł. Za to pewnej nocy w wielkiej, starej księdze, o której mówiono, że jej czytanie przynosi nieszczęście – znalazł sposób, jak przywołać diabła.

Zgodnie z tym, co wyczytał, wyszedł o północy w noc pełni księżyca na skrzyżowanie dróg poza miastem i odprawił magiczny rytuał. Coś huknęło, błysnęło czerwone światło, zapachniało siarką i przed Twardowskim stanął sam diabeł. Wyglądał jak szczupły, elegancko ubrany szlachcic, ale miał małe różki i ogon z chwostem.

– Czego sobie życzysz? – zapytał diabeł.

– Abyś spełniał moje życzenia – powiedział Twardowski.

– Dobrze – zgodził się diabeł – ale za to chcę twoją duszę.

– Proszę bardzo – rzekł sprytny Twardowski – ale pod jednym warunkiem: możesz ją zabrać tylko wtedy, gdy będę w Rzymie.

– Niech i tak będzie – powiedział diabeł i zachichotał. Czym prędzej spisali umowę, którą Twardowski podpisał krwią z serdecznego palca, i diabeł zniknął w rozbłysku czerwonego ognia. Pozostał po nim tylko zapach siarki i echo nieprzyjemnego śmiechu.

Dla Twardowskiego nastały wspaniałe czasy. Diabeł wypełniał wszystkie rozkazy. Zniósł całe srebro z Polski pod Olkusz i zasypał piaskiem (stąd się wzięła kopalnia srebra w Olkuszu). W miejscowości Pieskowa Skała postawił skałę, wysoką i na jednym końcu cieniutką, a na drugim szeroką, wąskim końcem na ziemi (skała ta stoi do dzisiaj). Twardowski jeździł na narysowanym koniu, latał, podróżował na wielkim kogucie, szybszym od najszybszego konia, pływał łodzią pod prąd bez wiosła i żagli. Uznano go za potężnego czarnoksiężnika, zwłaszcza że dzięki pomocy diabła leczył dotąd nieuleczalne choroby.

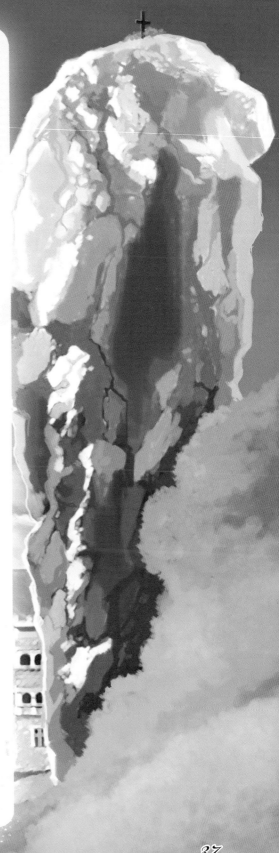

Pewnego razu zapragnął się ożenić z prześliczną panienką, która mieszkała niedaleko niego. Panienka miała zagadkę dla starających się o jej rękę. Trzymała w szklanej buteleczce owiniętej materiałem jakieś zwierzątko i twierdziła, że wyjdzie tylko za tego, kto odgadnie, jakie. Diabeł zajrzał do buteleczki, podpowiedział czarnoksiężnikowi, że to pszczoła, i panna musiała zgodzić się na ślub.

Diabłu jednak znudziło się służenie Twardowskiemu i chętnie by już zabrał jego duszę. Nie mógł jednak, bo zgodził się, że uczyni to tylko w Rzymie. Pewnej nocy pojawił się przed Twardowskim i zapytał:

– Może byś pojechał do Rzymu?

– Chciałbyś! – zaśmiał się Twardowski. – Umówiliśmy się, że zabierzesz moją duszę tylko w Rzymie, ale nie powiedziałem, że w ogóle tam pojadę! Nigdzie się nie wybieram!

Diabeł zdenerwował się okrutnie, ale nic nie powiedział. Zniknął w huku i dymie, a Twardowski śmiał się, przekonany, że będzie żył wiecznie.

Minęło parę tygodni. Późną, deszczową nocą ktoś załomotał do drzwi domu Twardowskiego. Był to ociekający wodą woźnica, który ukłonił się w pas i zawołał:

– Ratujcie, szlachetny panie! Słyszałem, że jesteście doskonałym medykiem! W gospodzie za miastem leży mój pan! Jest chory i nikt mu nie umie pomóc!

Twardowski ubrał się i pojechał razem z woźnicą. Nie był zupełnie zły – zawsze pomagał ludziom w potrzebie. Pośród ciemnej nocy wszedł do gospody. W tej samej chwili na jej dachu wylądowały setki kruków, kawek i gawronów i zaczęły krakać głośno i niemiło. Twardowski rozejrzał się i zobaczył, że nad drzwiami gospody wisi wielki szyld z nazwą: „Rzym". Zbladł, wiedząc już, co go czeka, ale nagle zauważył pod ścianą kołyskę z niemowlęciem. Porwał je na ręce, wiedząc, że diabeł nie może zabrać duszyczki niewinnego dziecka, więc i jego nie zabierze.

Huknęło, błysnęło, zapachniało siarką i zamiast woźnicy stanął sam diabeł, śmiejąc się nieprzyjemnie.

– Mam cię teraz! – wykrzyknął. – Ta karczma „Rzym" się nazywa!

Twardowski zasłonił się dzieckiem jak tarczą.

– Nie możesz wziąć jego, to i mnie nie weźmiesz! – zawołał.

– Myślałem, że jesteś honorowym szlachcicem – powiedział diabeł. – A przecież słowo szlachcica zobowiązuje.

Westchnął na to Twardowski, bo istotnie nie mógł złamać słowa. Odłożył więc dziecko, a diabeł natychmiast złapał go za kołnierz i wyleciał wraz z nim kominem.

Twardowski leciał razem z nim coraz wyżej. Patrzył w dół i widział malejący Kraków. Żal mu się zrobiło życia, które za sobą zostawiał. Przestraszył się też, co go czeka tam, gdzie go diabeł ciągnie. Wokół było ponuro, ciemno i pusto.

Przypomniało mu się, jak był jeszcze małym chłopcem i słuchał mamy śpiewającej religijne pieśni – i sam nie wiedząc, dlaczego to robi, zanucił:

– Pod Twoją obronę uciekamy się, Święta Boża Rodzicielko…

Diabeł wrzasnął przeraźliwie, puścił jego kołnierz i zniknął, a Twardowski zawisł w próżni. Nad jego głową odezwał się potężny, zwielokrotniony echem kobiecy głos:

– Ponieważ wzywałeś mojej pomocy, diabeł cię nie dostanie. Za karę zostaniesz jednak na księżycu aż do dnia Sądu Ostatecznego!

I tak się też stało. Twardowski siedzi po dziś dzień na księżycu wysoko ponad Ziemią i czeka, aż dobiegnie końca czas kary za konszachty z diabłem.

O Piaście Kołodzieju

awno, dawno temu w skromnej wiejskiej chacie mieszkało małżeństwo – Piast i Rzepicha. Dobrze im się żyło, ponieważ byli pracowici, uczciwi i prawdomówni. Wiele nie posiadali, ale też wiele nie potrzebowali. Piast był kołodziejem – wyrabiał wozy i koła do nich. Rzepicha zajmowała się domem. Ich największą radością był synek. Był jednak też największym zmartwieniem, ponieważ nie widział. Owszem, radził sobie w domu, bo zapamiętał, gdzie co stoi i jak się poruszać, ale wystarczyło, by wyszedł na dwór, a już bez pomocy matki lub ojca nie był w stanie kroku postawić.

Nadszedł dzień, w którym chłopiec kończył siedem lat. Była to uroczysta okazja, gdyż zgodnie z prastarym zwyczajem tego dnia przechodził spod opieki matki pod władzę ojca i trzeba mu było nadać imię. Tego też dnia po raz pierwszy wolno było obciąć chłopcu włosy – na znak, że staje się mężczyzną. Uroczystość ta nosiła nazwę postrzyżyny. Rzepicha szykowała więc ucztę, ponieważ zgodnie z tradycją zaproszono wielu gości. Na stołach stały już talerze z bryłami sera, półmiski mięsa, kosze jabłek i gruszek, pachniały świeże bochny chleba, w beczułkach lśniły piwo i miód do picia.

Goście przybyli licznie, zasiedli za stołami wystawionymi do ogrodu i hucznie się bawili. Aż w końcu nastał uroczysty moment. Syn gospodarzy, w odświętnych białych szatach, z rozpuszczonymi złotymi lokami, spadającymi mu na plecy, ukląkł przed ojcem. Rzepicha rozłożyła pod nim białą płachtę, na którą za chwilę posypały się jasne jak len kosmyki włosów.

– Nadaję ci imię Ziemowit – oznajmił uroczyście Piast, kładąc dłoń na głowie syna.

Wieczorem goście rozeszli się do domów. Bawili się doskonale, zjedli i wypili wszystko, co podano. Gdy Piast wnosił do chaty stoły i stołki, na drodze pojawili się dwaj wędrowcy. Jeden był starszy, nosił siwą brodę i miał mądre, ciepłe spojrzenie. Drugi, młodszy, patrzył niezwykle ciepło, a jego włosy lśniły jak złoto. Obaj wyglądali na zmęczonych daleką drogą, ich szaty pokrywał kurz. Piast zaraz zaprosił ich do chaty i zaproponował, by zatrzymali się na noc.

Rzepicha zmartwiła się jednak, co gościom podać do jedzenia? Przecież po uczcie nic nie zostało! Pobiegła jednak do spiżarni, mając nadzieję, że znajdzie tam choćby kawałeczek sera lub pajdę chleba. Jakież było jej zdziwienie, gdy zobaczyła półki uginające się od żywności! Było tam wszystko, co miała rano – ser, chleb, mięso, owoce, ryby, piwo i miód – tylko wszystkiego dwa razy więcej. Przetarła ze zdumienia oczy, ale ponieważ nic nie zniknęło, zawołała po cichu Piasta, aby i on zobaczył ten cud.

– Skąd się to wszystko wzięło? – zapytał z podziwem Piast.

Wędrowcy siedli za stołem, jedli i pili do syta, gawędząc przyjaźnie z gospodarzami. Dowiedzieli się, z jakiej okazji przez cały dzień trwało święto, i spytali, czy mogą pobłogosławić chłopca.

– Aby podziękować za waszą gościnność – wyjaśnili.

Piast zawołał Ziemowita. Wtedy młodszy z wędrowców nakreślił nad jego głową znak krzyża i spojrzał w niebo, jakby w podzięce za coś. Chłopiec zamrugał niebieskimi oczętami i rozejrzał się wokół jak przebudzony z głębokiego snu.

– Mamo, tato! – zawołał. – Ja widzę!

– Tak samo będzie widział twój naród, Piaście, a ród pochodzący od ciebie będzie mu w szczęściu i powodzeniu przewodził przez długie lata – powiedział starszy z wędrowców, po czym nagle obaj zniknęli.

Zapanowała cisza. Piast i Rzepicha wpatrywali się w miejsce, gdzie przed chwilą jeszcze stali obaj nieznajomi, i nie wiedzieli, co powiedzieć. Tylko mały Ziemowit biegał radośnie wokół chaty, oglądając kwiaty, drzewa, ptaki i zwierzęta, które widział pierwszy raz w życiu.

Niedługo potem rozeszła się wiadomość, że zginął zły książę, który władał w zamku nad jeziorem Gopłem. Ze wszystkich stron zjeżdżali kmiecie, czyli bogaci gospodarze, gdyż zgodnie ze zwyczajem wybranie nowego władcy było ich obowiązkiem. Wielu z nich mijało w swej podróży skromną chatę Piasta. Pytano go o zdanie, kto ma zostać królem, gdyż Piast był mądrym człowiekiem i umiał sensownie doradzić. Coraz szerzej też rozchodziła się wieść o cudownym odzyskaniu wzroku przez Ziemowita i wszyscy chcieli zobaczyć chłopca na własne oczy. Jedna rzecz tylko dziwiła odwiedzających – Rzepicha podejmowała każdego jedzeniem i napojem, a spiżarnia zawsze była pełna! W końcu najstarszy z kmieci zapytał:

– Wiemy dobrze, Piaście, że jesteś mądrym człowiekiem i zręcznym w swoim zawodzie, ale jak to możliwe, że masz dość jedzenia, by nakarmić wszystkich, którzy cię odwiedzają, i jeszcze ci zostaje?

– To nie moja zasługa – odpowiedział Piast. – Podróżni, którzy uzdrowili Ziemowita, musieli i to sprawić.

– Czekaliśmy na znak i oto jest! – rzekł starzec. – Piast powinien zostać księciem!

– Niech rządzi! – zakrzyknęli zgromadzeni wokół kmiecie.

I tak Piast Kołodziej został księciem i panem nadgoplańskiego zamku. Był władcą mądrym i roztropnym, dbał o dobro poddanych, więc kraj pod jego rządami rozkwitał i umacniał swoją siłę, aż zaczął się liczyć w całej Europie. Potomkowie Piasta także zostali królami i książętami, a żaden z nich nigdy nie zapomniał, że wywodzi się z ludu i ludowi jest winien szacunek i opiekę.

O Popielu, którego myszy zjadły

Dawno, dawno temu nad jeziorem Gopłem stał wielki, warowny zamek z wieloma wieżami i bramą, której broniła gruba żelazna krata. Zamek był piękny, ale wyglądał jakoś ponuro i okoliczni mieszkańcy woleli bez potrzeby się do niego nie zbliżać. Być może było tak dlatego, że na zamku zamieszkiwała ponura postać – król Popiel. Kiedyś był prostym drwalem, a zwał się Popiel, ponieważ użyźniał ziemię popiołem ze spalonych drzew. Znano go jako człowieka życzliwego i chętnie służącego dobrą radą, a przy tym mądrego. Nic więc dziwnego, że gdy wybierano nowego króla, to właśnie Popiel nim został. Jednak – niestety! – jak tylko zasiadł na tronie, szybko całkowicie się zmienił. Stał się dumny, okrutny, nikomu już nie pomagał i tylko gromadził bogactwa. Jadał na złotej zastawie, sypiał w atłasowej pościeli, kazał sobie sprowadzać zamorskie smakołyki. Gdy zapragnął się ożenić, nie spojrzał nawet na polskie dziewczęta, tylko wybrał sobie cudzoziemkę, tak samo jak on okrutną i podstępną.

Pewnego dnia na zamek przyjechali z wizytą kmiecie – bogaci gospodarze z okolicy, cieszący się poważaniem i posłuchem u innych. Nie podobały im się rządy Popiela, zabieranie miejscowej ludności jedzenia i plonów z pól.

– Chcieliśmy się z tobą naradzić – powiedzieli. – Od wieków było tak, że król słuchał zdania kmieci i liczył się z ich słowami…

– Było, ale już nie jest! – zaśmiał się Popiel. – Prędzej mnie myszy zjedzą, niż wasze zdanie wezmę pod uwagę.

Po czym kazał swoim strażnikom wyrzucić kmieci z zamku. Dotknięci do żywego, odeszli, postanawiając, że skoro król nie chce ich słuchać, to w takim razie chłopi nie będą wystawiali dla niego oddziałów wojskowych, jak to było zawsze dotąd w zwyczaju.

– I cóż z tego – powiedziała żona Popiela. – Mamy pieniędze, wynajmiemy cudzoziemskie wojsko. Jest lepsze niż polskie.

Mijały lata. Zamek nad Gopłem był coraz potężniejszy i coraz bardziej ponury. Na murach dniami i nocami pełnili wartę cudzoziemscy rycerze, a wewnątrz zamku panował taki przepych i luksus, o jakim się nikomu wtedy na ziemi nie śniło. Jednak w okolicznych wsiach bieda i głód zaglądały ludziom w oczy. Popiel zabierał wszystko, co wyrosło na polach, co urodziło się w oborach, chlewach i stajniach. Nie obchodził go los poddanych, choć przysiągł dbać o ich dobro.

Pewnego zimowego dnia, gdy szalała śnieżyca, u bram zamku stanęła stara, siwa kobieta w podartych, cienkich ubraniach.

– Zaprowadźcie mnie do króla – poprosiła strażników.

– Nie licz na jego pomoc – powiedzieli strażnicy, bo nawet im się żal zrobiło, tak smutno i nędznie wyglądała. – Król każe wszystkich żebraków i starców szczuć psami i wypędzać bez litości.

– Matki przecież nie wypędzi… – szepnęła staruszka.

Zdumieli się strażnicy. Jeden z nich zaprowadził biedną kobietę do sali tronowej, gdzie na tronie kapiącym złotem rozpierał się Popiel, odziany w aksamitne szaty, i pił najdroższe wino z kielicha wycinanego w diamencie.

– Synku – staruszka padła na kolana, wyciągając do niego ręce. – Ulituj się nad nami, bo giniemy z głodu…

– Precz! – wrzasnął Popiel. – Prędzej mnie myszy zjedzą, niż się zlituję nad jakąś starą babą!

Strażnicy wypchnęli staruszkę z zamku w ciemną noc, na śnieg i wiatr. Jeden z nich wsunął jej do kieszeni pajdę chleba.

Niedługo potem jeden ze szpiegów Popiela doniósł mu, że w okolicznych wsiach kmiecie buntują przeciwko niemu ludzi.

– Chcą cię zrzucić z tronu i obwołać królem któregoś z twoich dwunastu stryjów – opisał sytuację.

– I cóż z tego – powiedziała żona Popiela. – Zaproś ich do zamku na ucztę, a resztą sama się zajmę.

Popiel wierzył swojej żonie, więc zrobił, jak poleciła. Przygotowano wystawną ucztę z najdroższych zamorskich smakołyków, wyciągnięto najcenniejszą zastawę. Tymczasem podczas przygotowań żona Popiela zeszła do piwnic i wlała do wina własnoręcznie sporządzoną truciznę.

Stryjowie Popiela niczego nie podejrzewali, wręcz przeciwnie, liczyli, że może król zrozumiał, że źle postępuje. Przybyli na ucztę, zasiedli do suto zastawionych stołów, podnieśli kielichy z winem i wznieśli toast za pomyślność ojczyzny…

Popiel kazał wynieść ich ciała i wrzucić do jeziora.

– Prędzej mnie myszy zjedzą, niż komuś oddam władzę! – śmiał się wniebogłosy, stojąc na brzegu Gopła.

Ledwie to powiedział, niebo nagle pociemniało. Zawiał zimny wiatr, szarpiąc szatami Popiela. Wody jeziora wzburzyły się i zaszumiały, a w trawie zaświeciły dziesiątki i setki malutkich oczek… Przerażony Popiel uciekł do zamku, ale ze wszystkich szczelin, kątów, zakamarków, dziur zaczęły setkami i tysiącami wychodzić myszy.

– Ratunku! – wrzasnął Popiel i wypadł na dziedziniec, a za nim biegła nieprzerwana fala myszy. Król rozejrzał się w panice i nie widząc innej drogi ucieczki, skoczył wprost do jeziora. Na środku była wyspa i tam się skierował, myśląc, że ucieknie. Jednak jak tylko stanął na brzegu, nagle z jego butów, kieszeni, zza kołnierza, spod koszuli zaczęły wyskakiwać myszy... Popiel potknął się o jedną z nich, przewrócił się i już nie wstał. Tam, gdzie leżał, została goła ziemia, na której nigdy już nie wyrosła trawa.

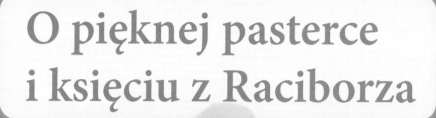

O pięknej pasterce i księciu z Raciborza

Dawno, dawno temu nad rzeką Odrą zbudowano piękny gród o nazwie Racibórz. Rządził w nim młody książę Racibor, który był nie tylko przystojny i odważny, ale także mądry i roztropny. Gród otaczały ukwiecone łąki, a za nim zaczynały się gęste, niezbadane lasy.

Pewnego dnia, gdy książę wyglądał przez okno, na łąkę przyszła młodziutka pasterka ze stadem owieczek. Racibor zachwycił się jej pięknością. Miała jasną cerę, czarne jak węgiel, długie warkocze i zielone jak trawa oczy. A gdy zaczęła wesoło śpiewać, okazało się, że ma też piękny głos.

– Masz wspaniały głos! – zawołał oczarowany książę. – Można by twój śpiew pomylić ze śpiewem słowika!

– A gdzie tam mnie do słowika – zaśmiała się dźwięcznie pasterka. – On śpiewa dużo ładniej ode mnie.

Od tego dnia książę bez przerwy myślał o pasterce. Dziewczyna miała na imię Ofka. W końcu postanowił się z nią ożenić. Oświadczył się, a Ofka zgodziła się zostać jego żoną.

Jednak książęce posiadłości nie były tak bezpieczne, na jakie wyglądały. Na ziemiach przy samej granicy osiedlił się bowiem zły duch, Liczyrzepa. Wszyscy się go bali i nie mówili o nim bez potrzeby, aby go przypadkiem nie przywołać. Jednak to, co mówili, było wystarczająco straszne…

Mówiono, że w dzień ma ludzką postać, ale w nocy wygląda jak potwór zionący ogniem. Niszczy całe miasta, a ludzi porywa i każe im kuć dla siebie komnaty w podziemnym zamku. Trzyma w nich swoje skarby, które kradnie na całym świecie.

Tymczasem Liczyrzepa obserwował Racibórz i dowiedział się, że książę Racibor jest bogaty. Planował więc przywłaszczyć sobie książęce złoto i drogie kamienie. Kiedy planował włamanie do zamku, usłyszał głosy rycerzy Racibora, którzy ogłaszali wieść o bliskim ślubie księcia z Ofką. Niestety określili ją „największym skarbem Racibora".

– Największy skarb? – zaśmiał się Liczyrzepa. – Już ja im ten skarb zabiorę! Ha, ha, ha!

Nadeszła noc. Nagle rozległ się straszny huk, diabelskie wycie, a potem z dachów chat w pobliżu bramy buchnął w niebo słup ognia. Tam właśnie mieszkała Ofka. Wartownicy usłyszeli krzyk dziewczyny, jej wołanie o pomoc i złośliwy śmiech Liczyrzepy.

– Liczyrzepa! Liczyrzepa! – krzyczeli ludzie, wybiegając na ulicę gasić pożar. – Zamienił się w potwora i porwał Ofkę!

Książę również się obudził i zwołał swoich rycerzy. Chwycili za miecze i pognali konno w las. Konie mieli szybkie i wytrzymałe, ale Liczyrzepa był już daleko. Dopadł swojej niedostępnej górskiej warowni, wrzucił przerażoną Ofkę do najciemniejszej komnaty i zastawił wejście ogromnym głazem, którego żaden człowiek by nie przesunął. Racibor z rycerzami dojechali niedługo potem do podnóża góry, ale nie potrafili wejść do siedziby Liczyrzepy.

Wtedy książę wyciągnął z torby przy siodle dzwoneczki, które Ofka wieszała na szyjach swoim owieczkom. Wyjeżdżając z grodu, zauważył je na ziemi i zabrał ze sobą, choć sam nie wiedział, po co. Teraz jednak wpadł na sprytny pomysł.

– Załóżcie dzwonki koniom na szyje – powiedział do swoich rycerzy. – Liczyrzepa pomyśli, że to owieczki Ofki przyszły za nią aż tutaj. Pewnie będzie chciał je złapać. Wyjdzie z zamku, a my go odciągniemy, wpędzimy w bagna i utopimy.

Tak też się stało. Liczyrzepa usłyszał dzwonienie i rzeczywiście pomyślał, że to owieczki. Ucieszył się, że będzie miał smaczną kolację i dużo wełny, którą można sprzedać i dobrze zarobić. Odsunął głaz i poszedł za głosem dzwonków. Wtem otoczyli go rycerze Racibora i zagnali na bagna. Liczyrzepa był wielki, ciężki i niezgrabny, więc utonął jak kamień.

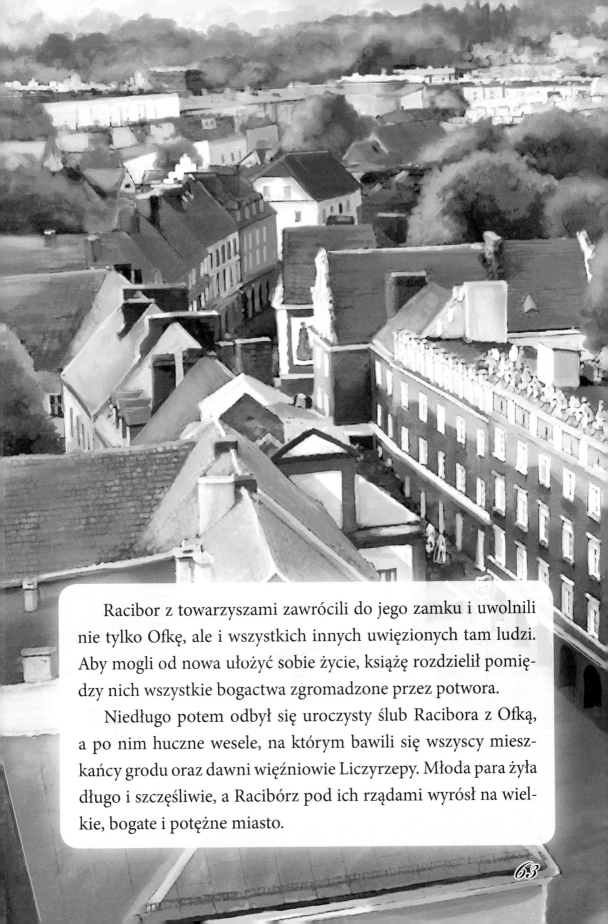

Racibor z towarzyszami zawrócili do jego zamku i uwolnili nie tylko Ofkę, ale i wszystkich innych uwięzionych tam ludzi. Aby mogli od nowa ułożyć sobie życie, książę rozdzielił pomiędzy nich wszystkie bogactwa zgromadzone przez potwora.

Niedługo potem odbył się uroczysty ślub Racibora z Ofką, a po nim huczne wesele, na którym bawili się wszyscy mieszkańcy grodu oraz dawni więźniowie Liczyrzepy. Młoda para żyła długo i szczęśliwie, a Racibórz pod ich rządami wyrósł na wielkie, bogate i potężne miasto.

Spis treści